Livre de coloration de

L'Ouest

Cowboys

Coloring Pages for Kids

Coloring Pages for Kids
An imprint of Ciparum LLC

Livre de coloration de l'Ouest Cowboys
© 2017 Ciparum LLC
All rights reserved.
ISBN-10:1-63589-431-X
ISBN-13:978-1-63589-431-8

Coloring Pages for Kids

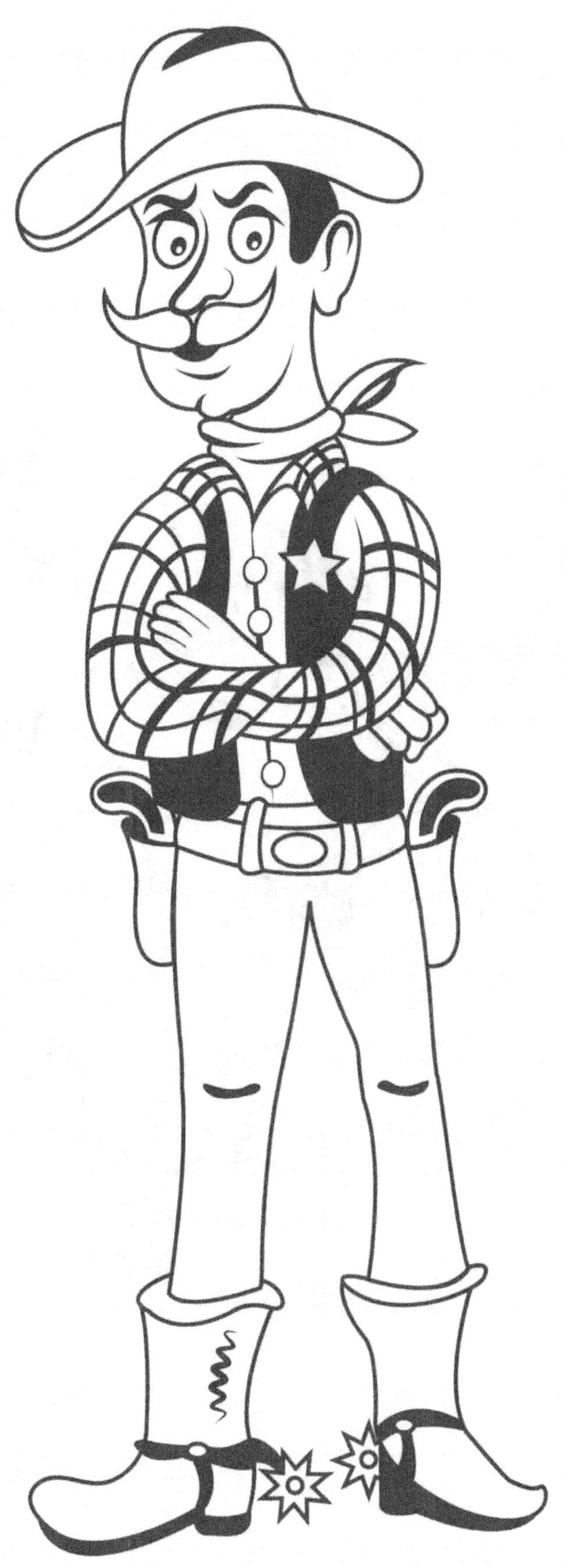

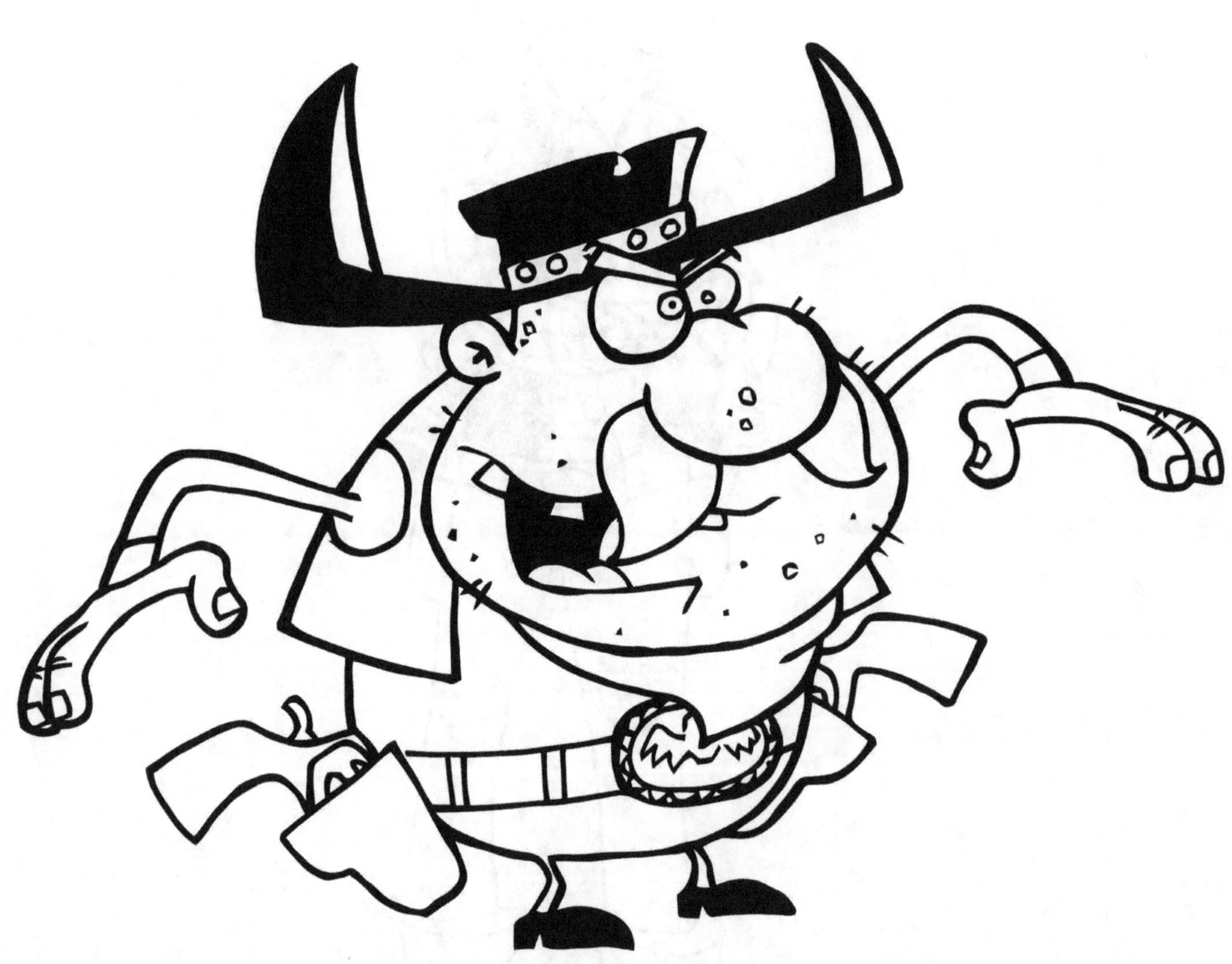

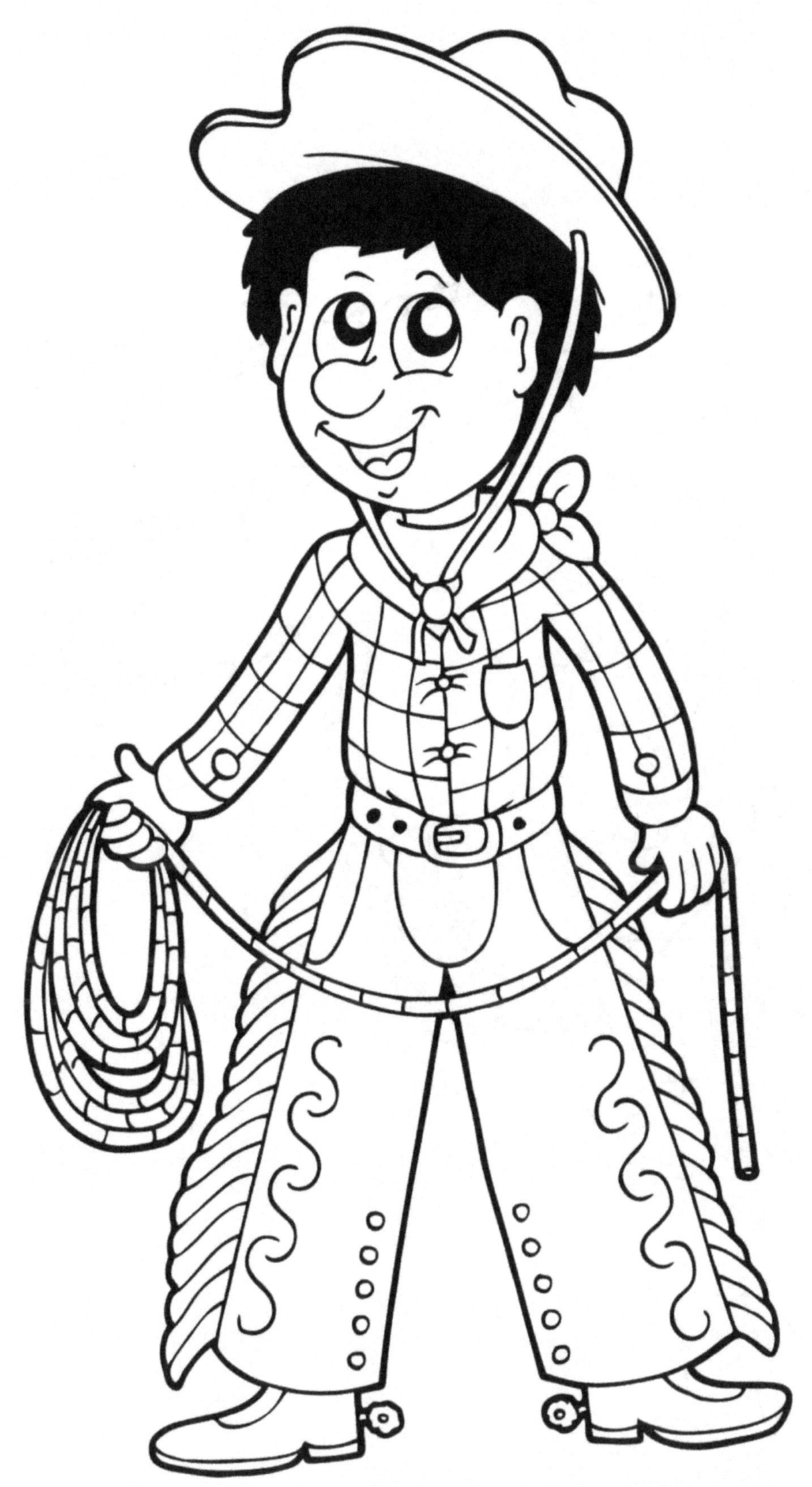

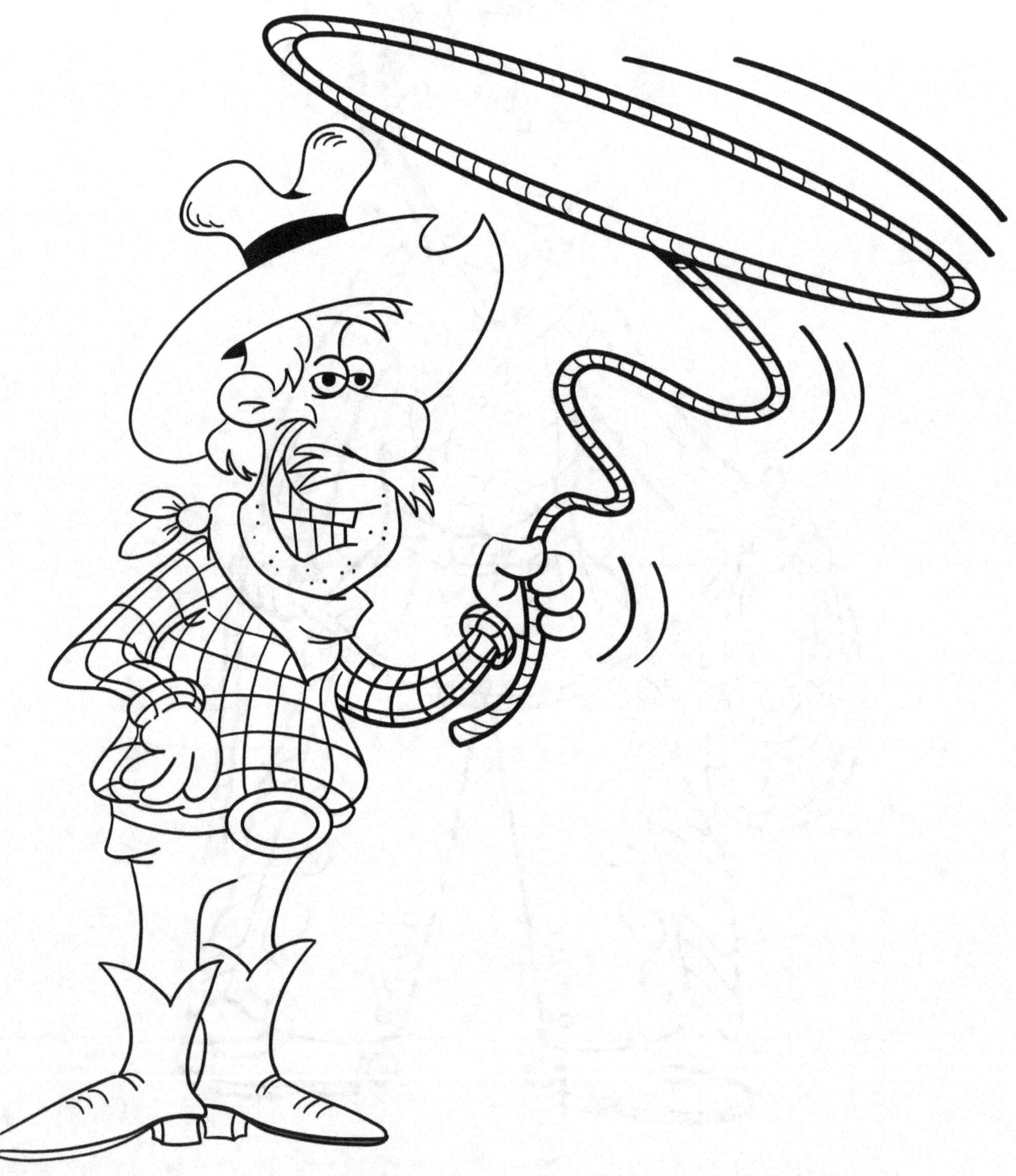

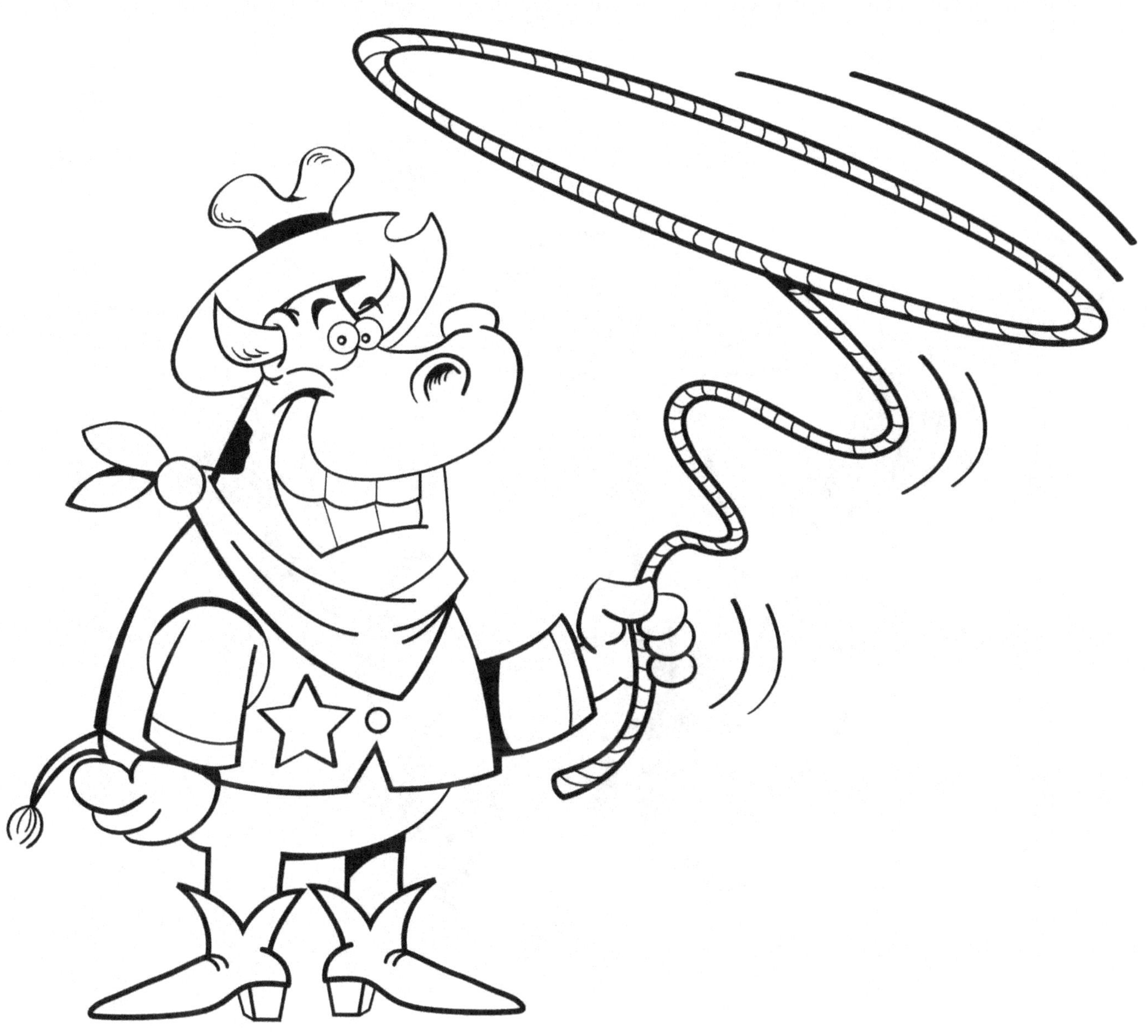

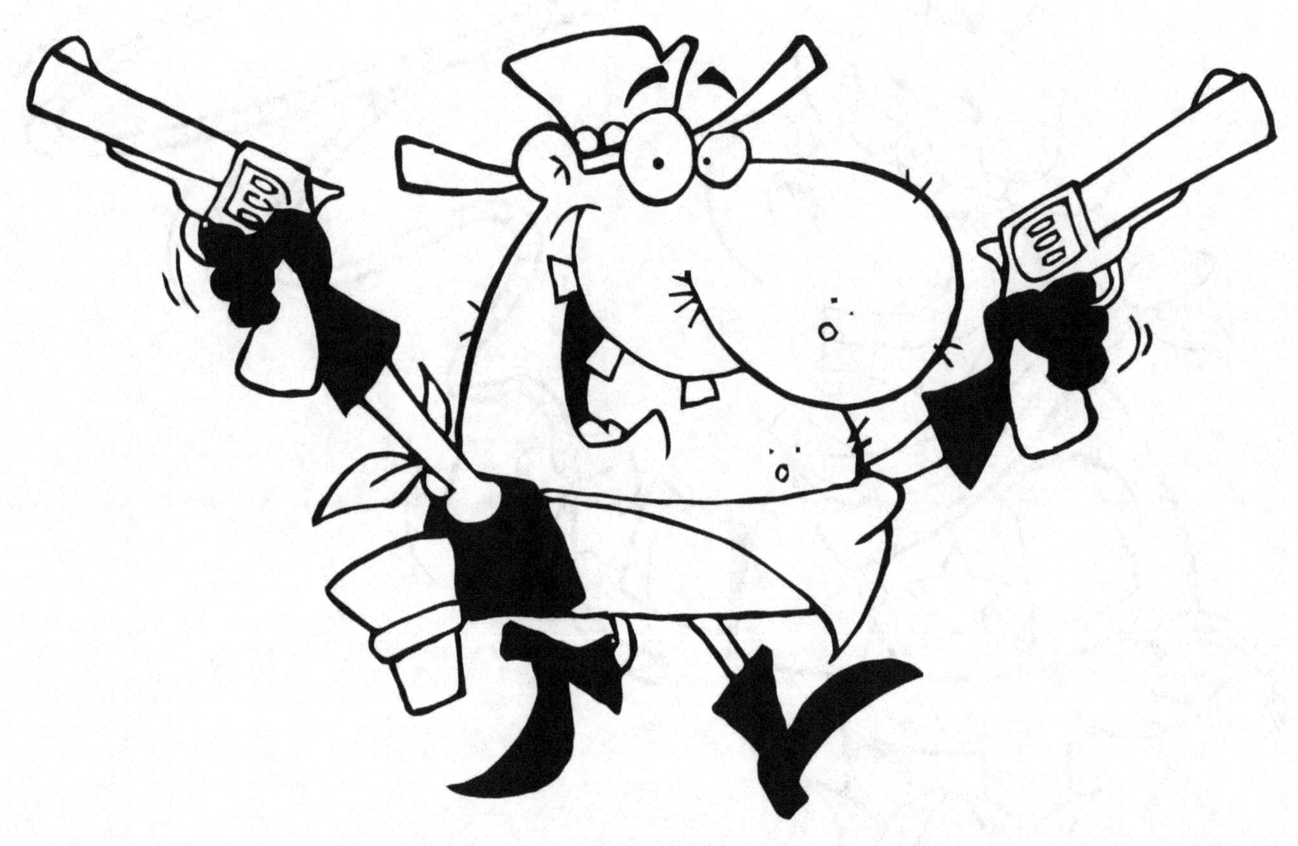

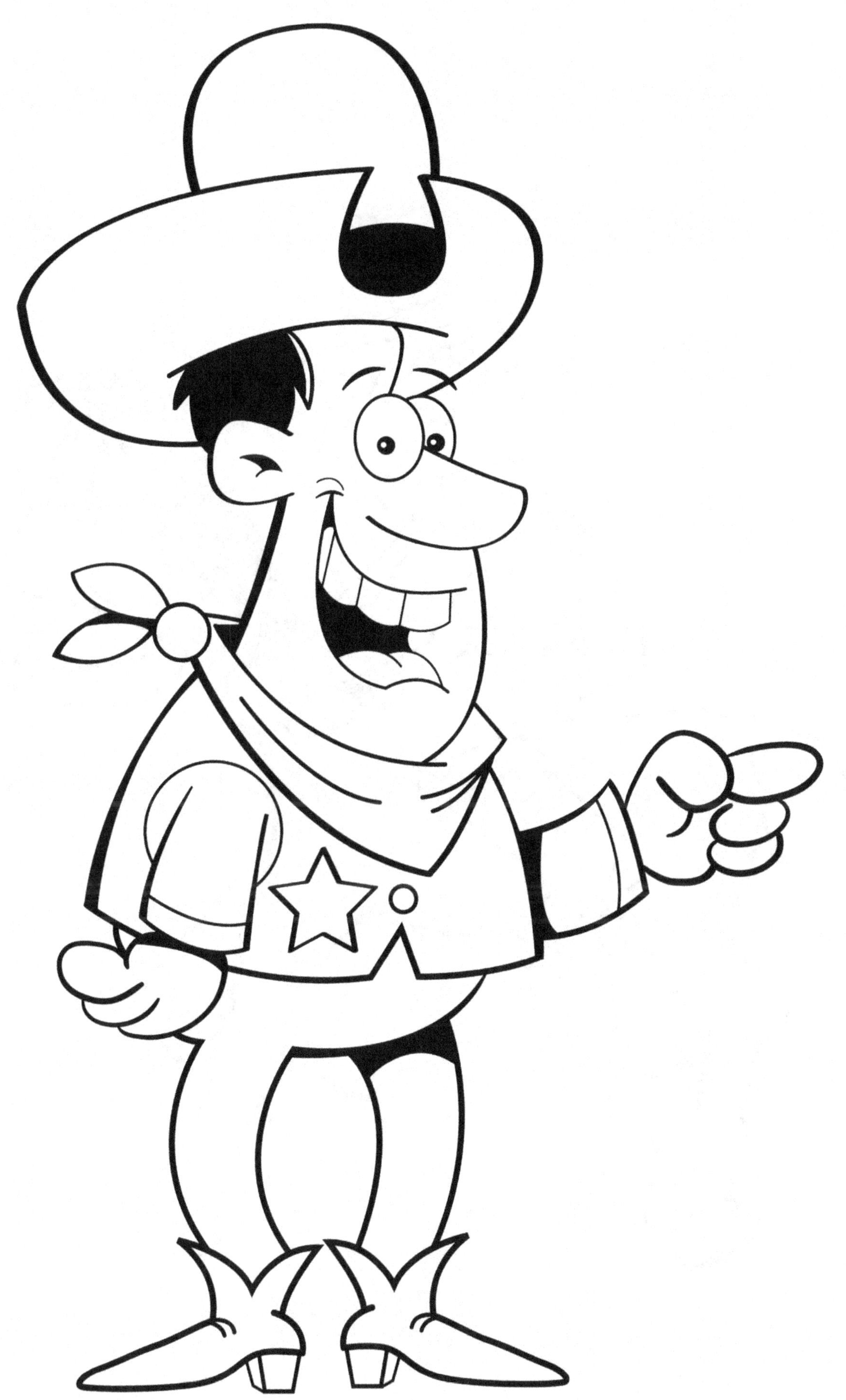

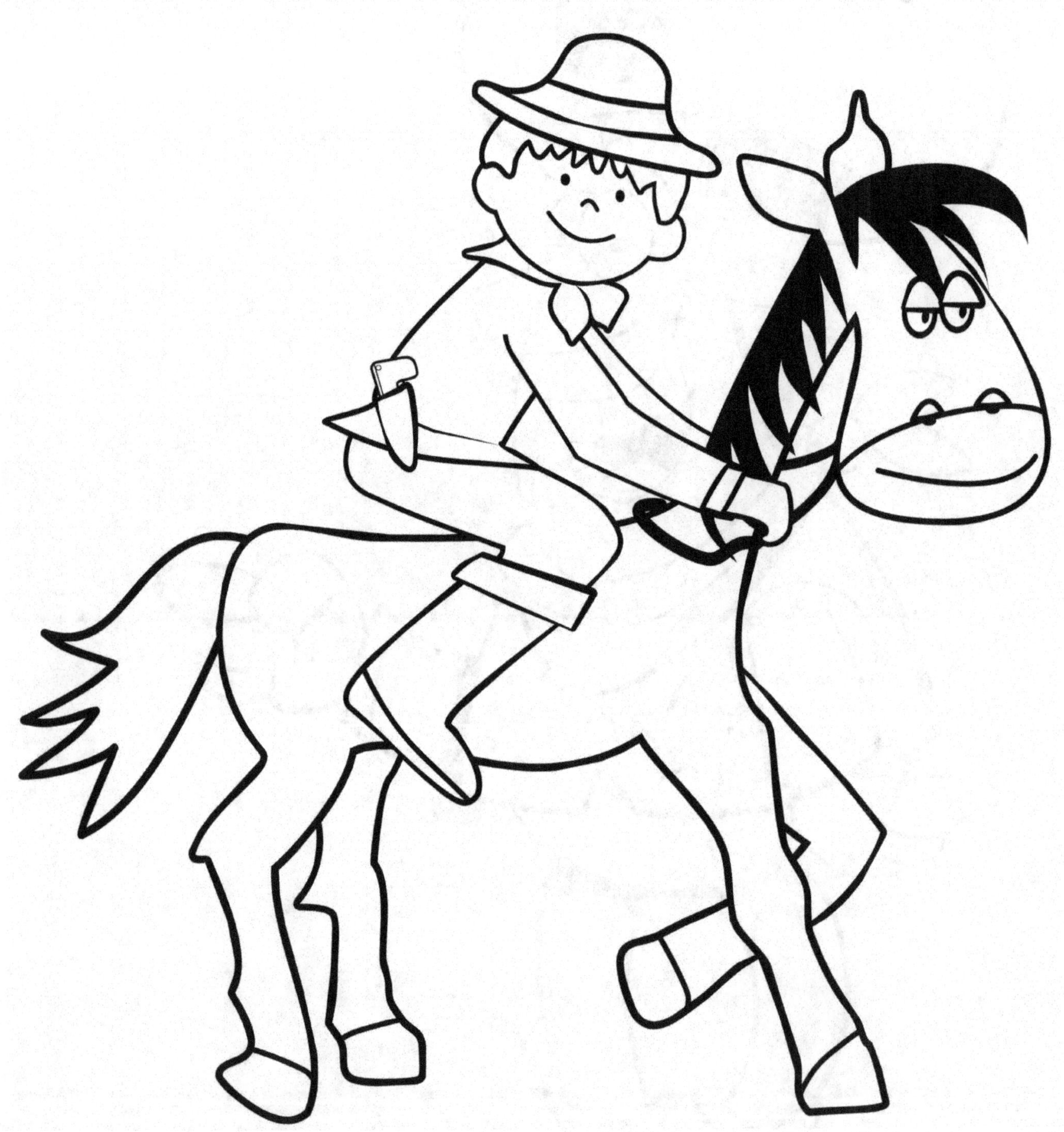

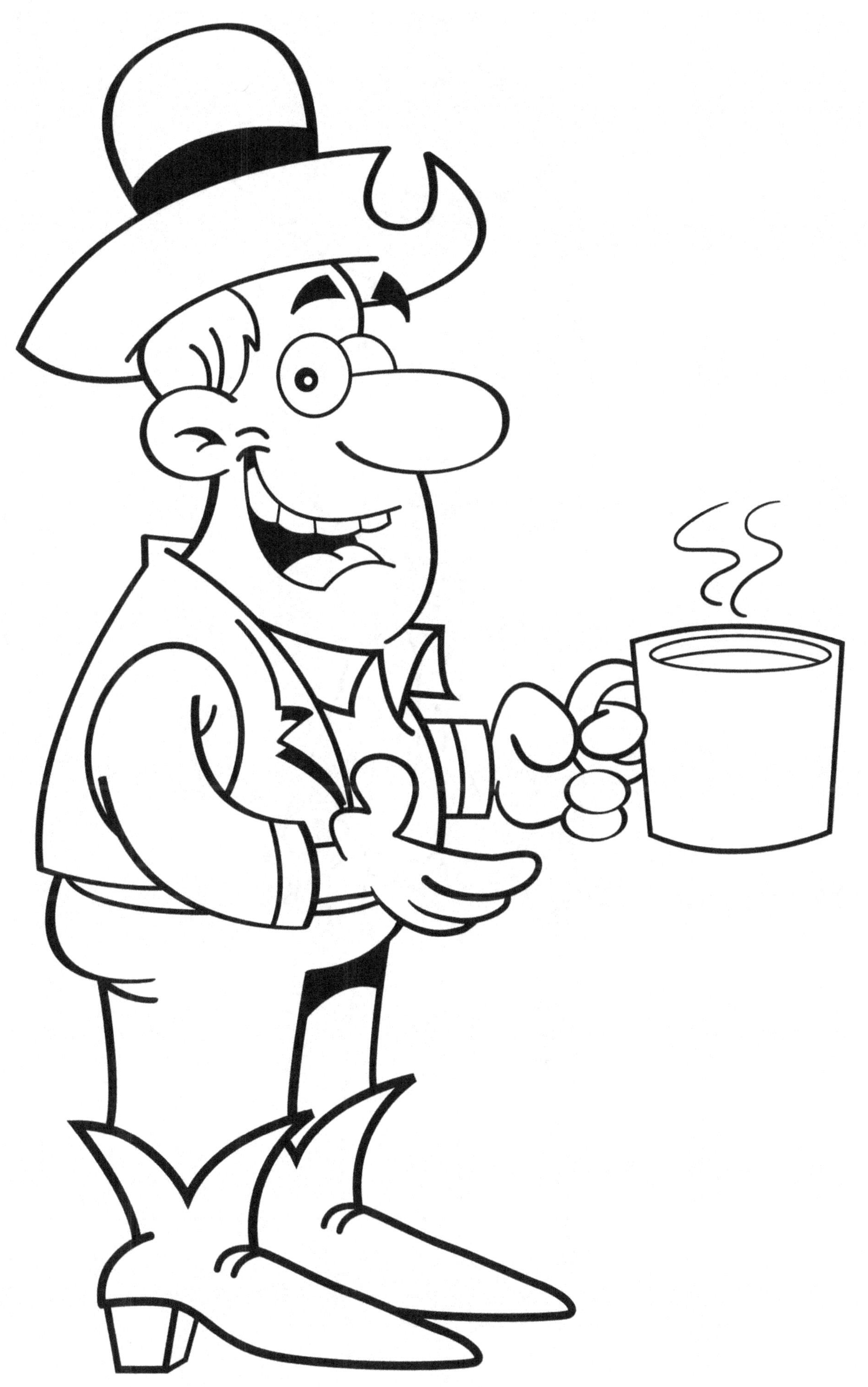

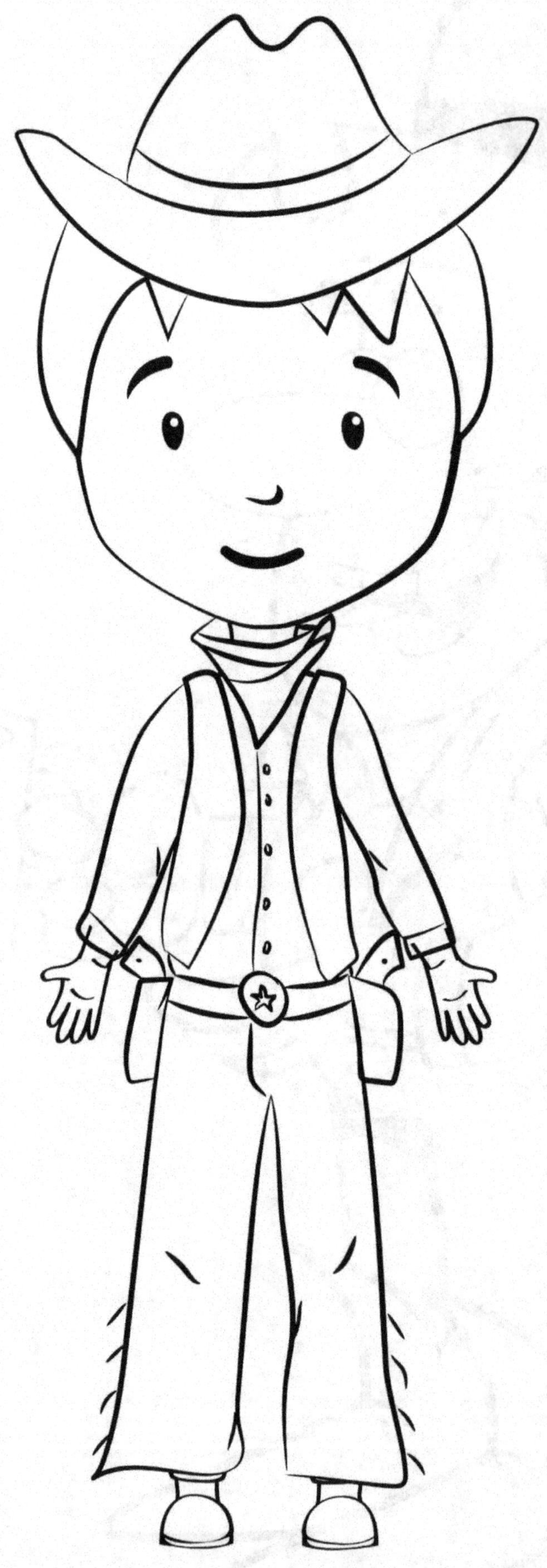

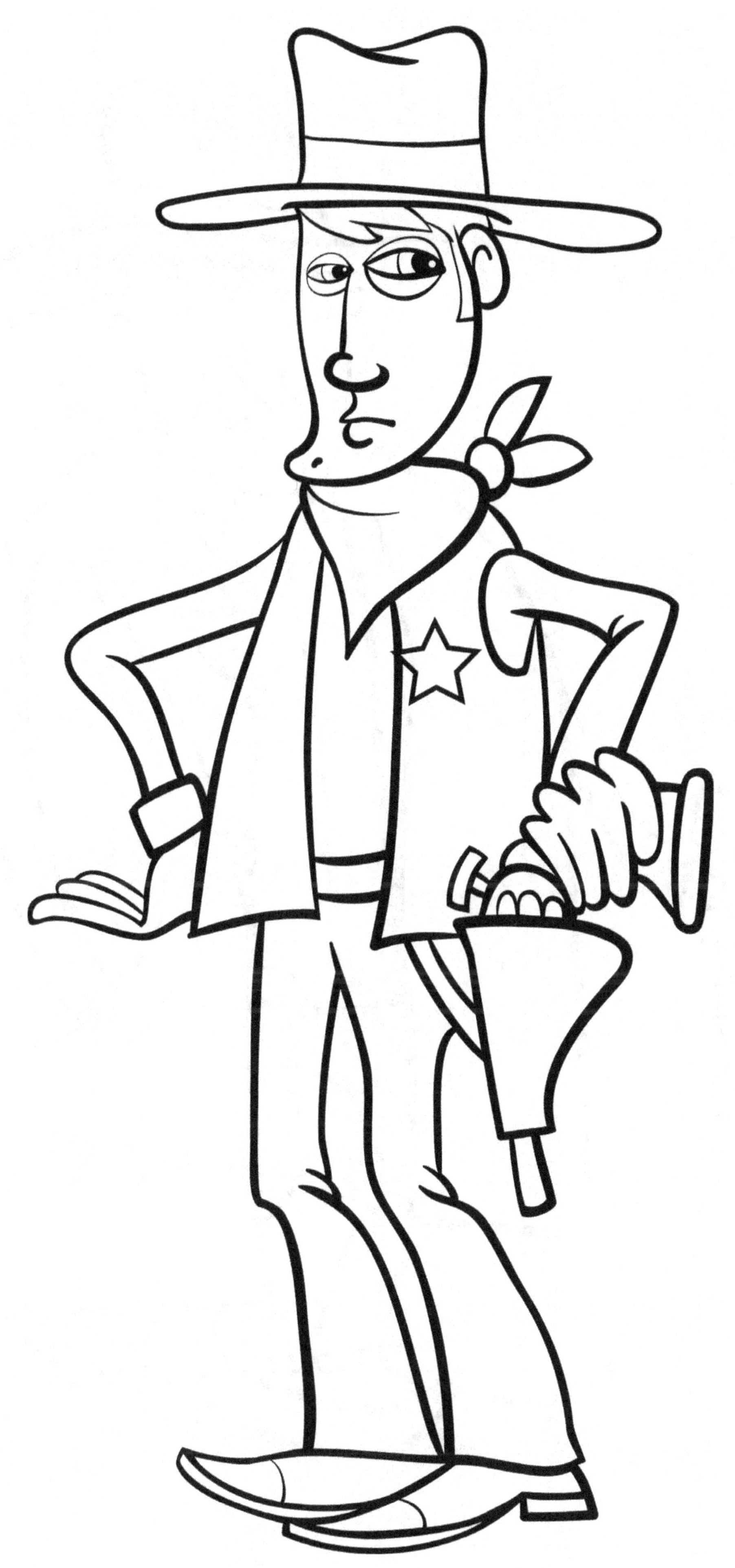

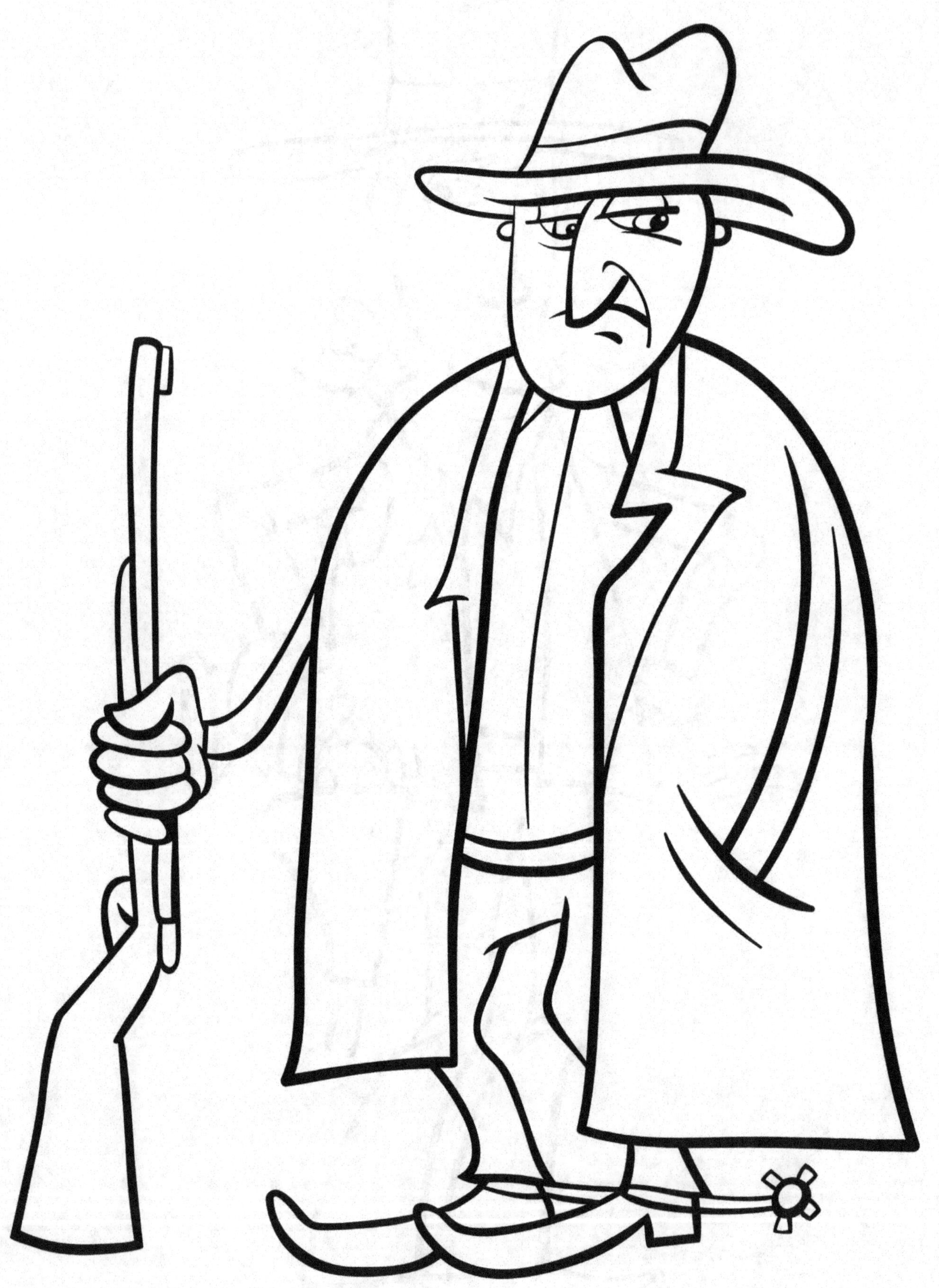

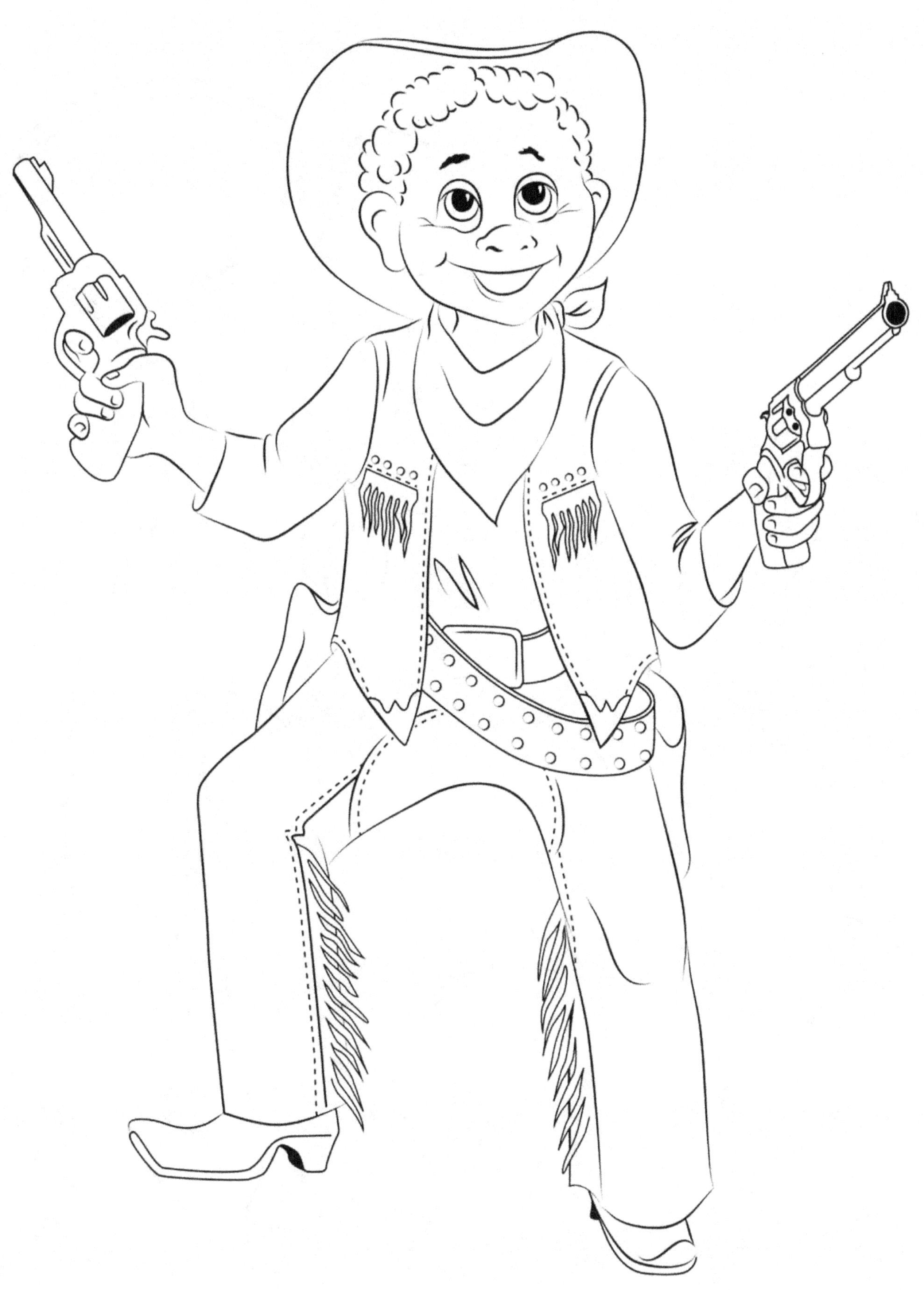

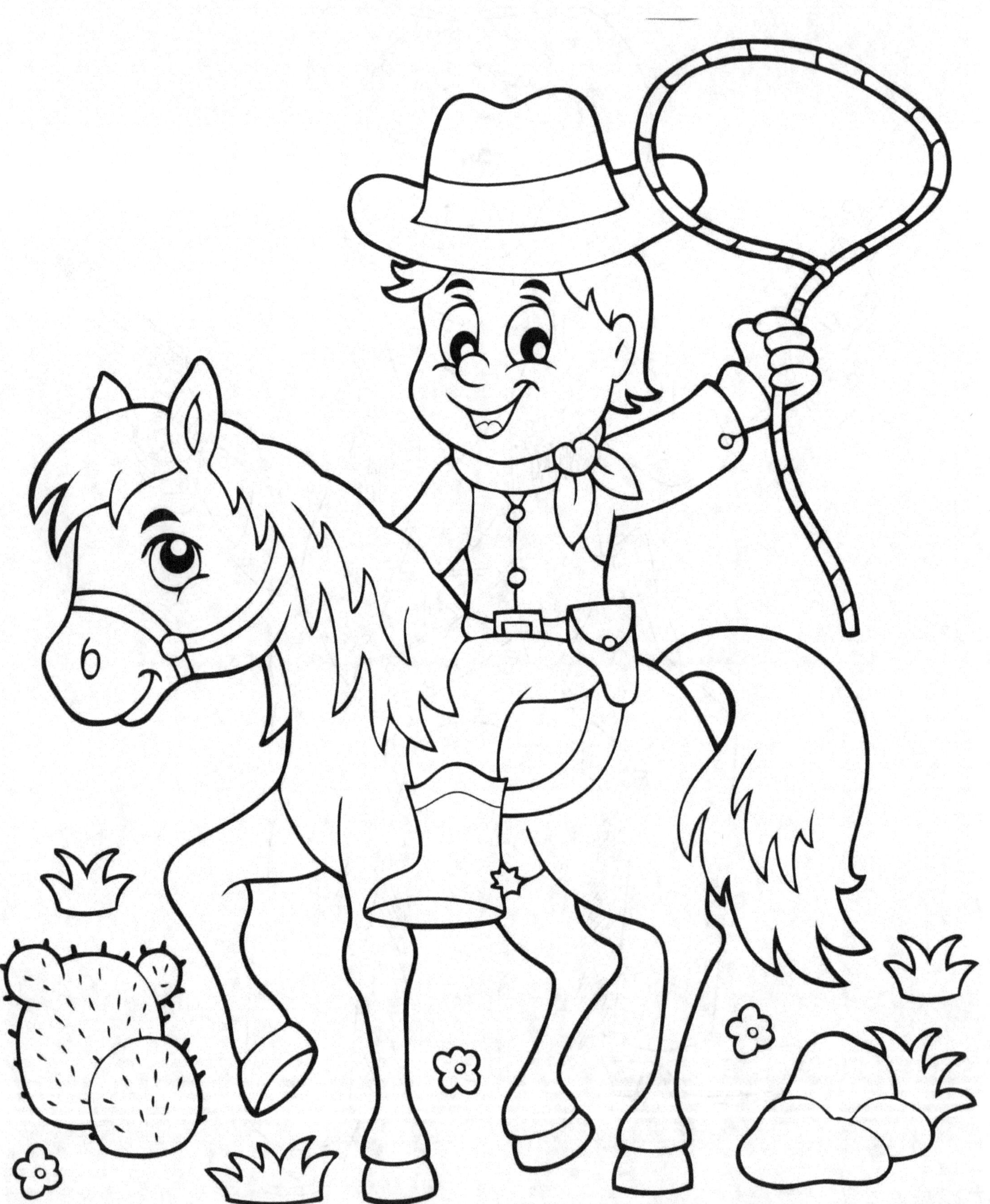

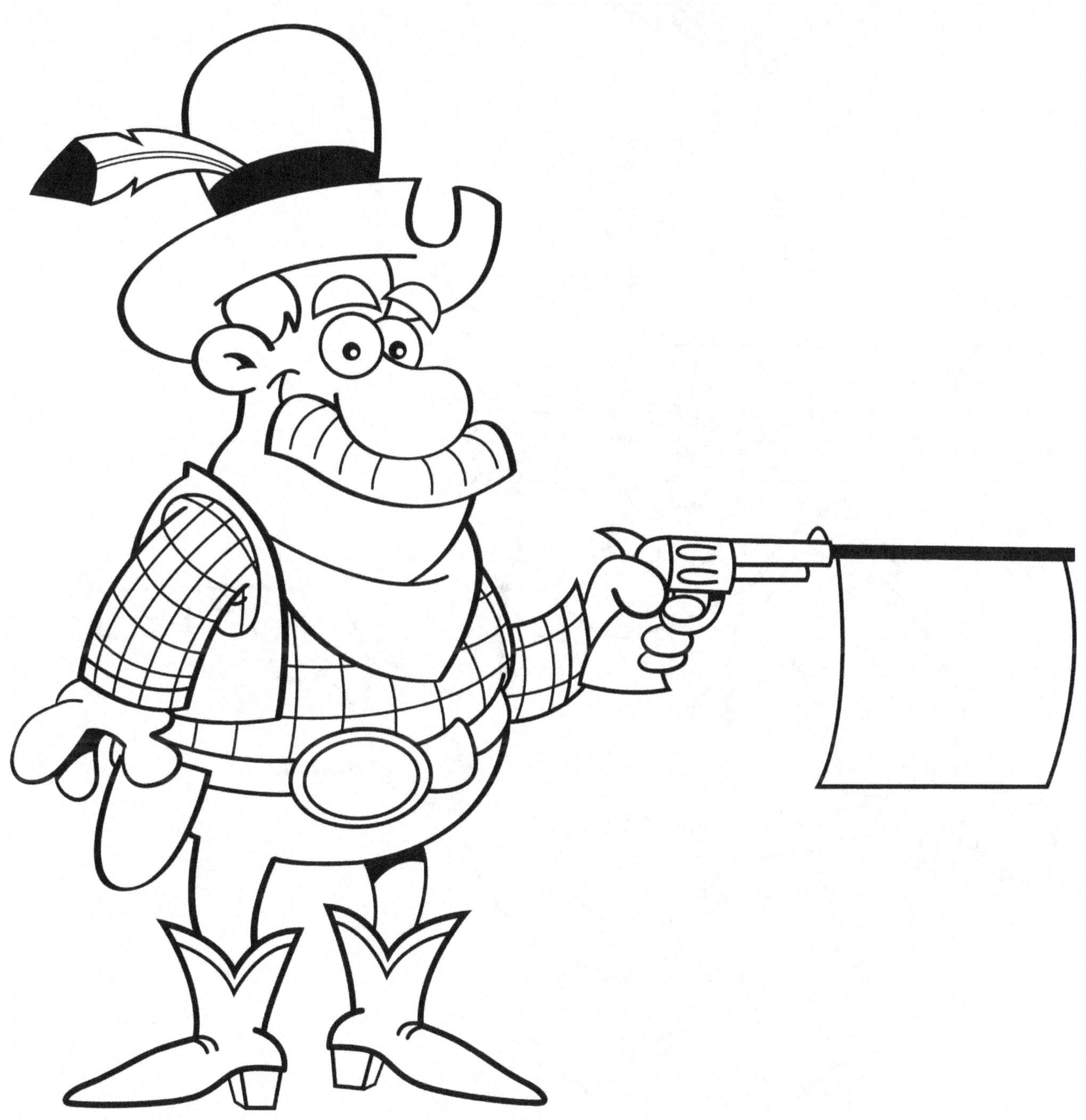

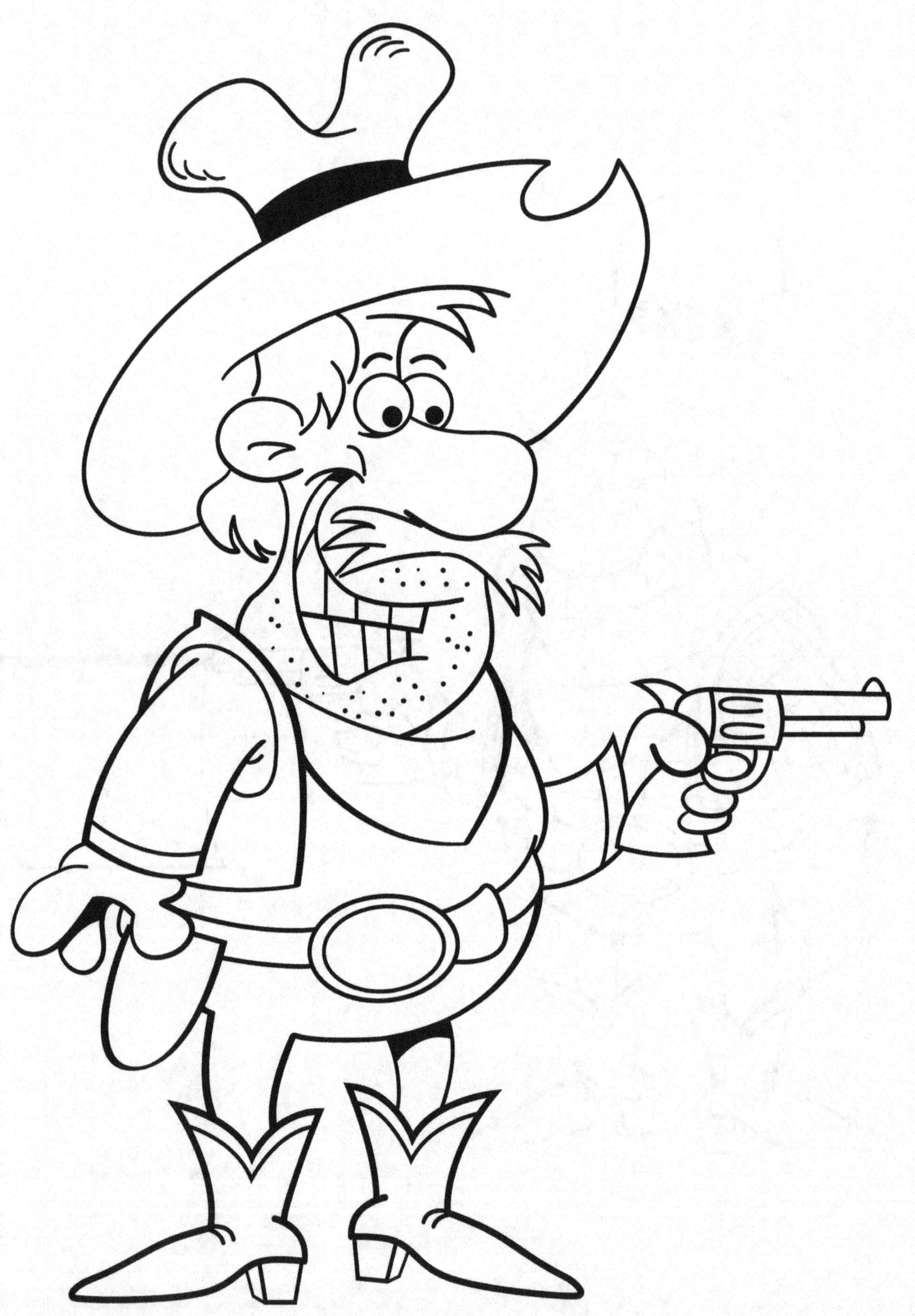

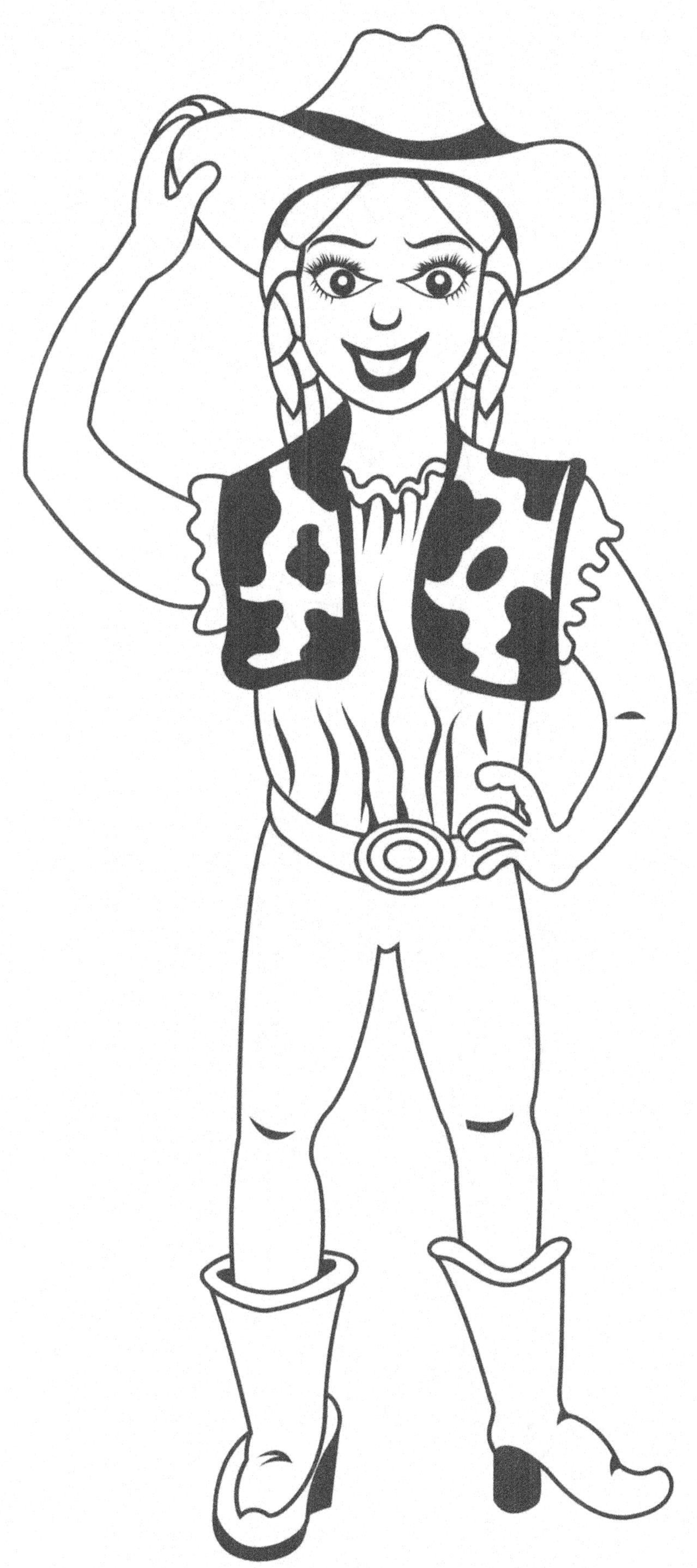

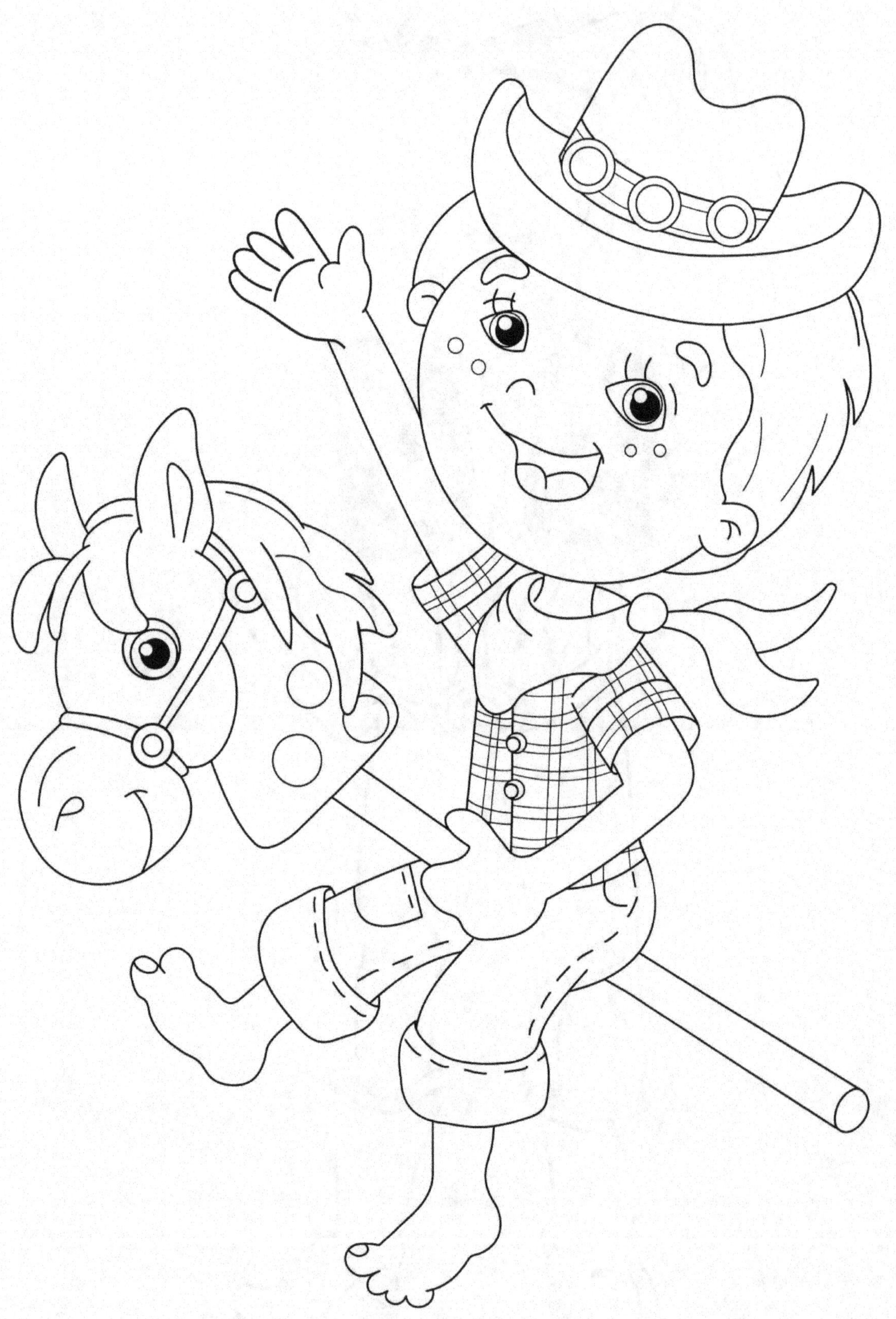

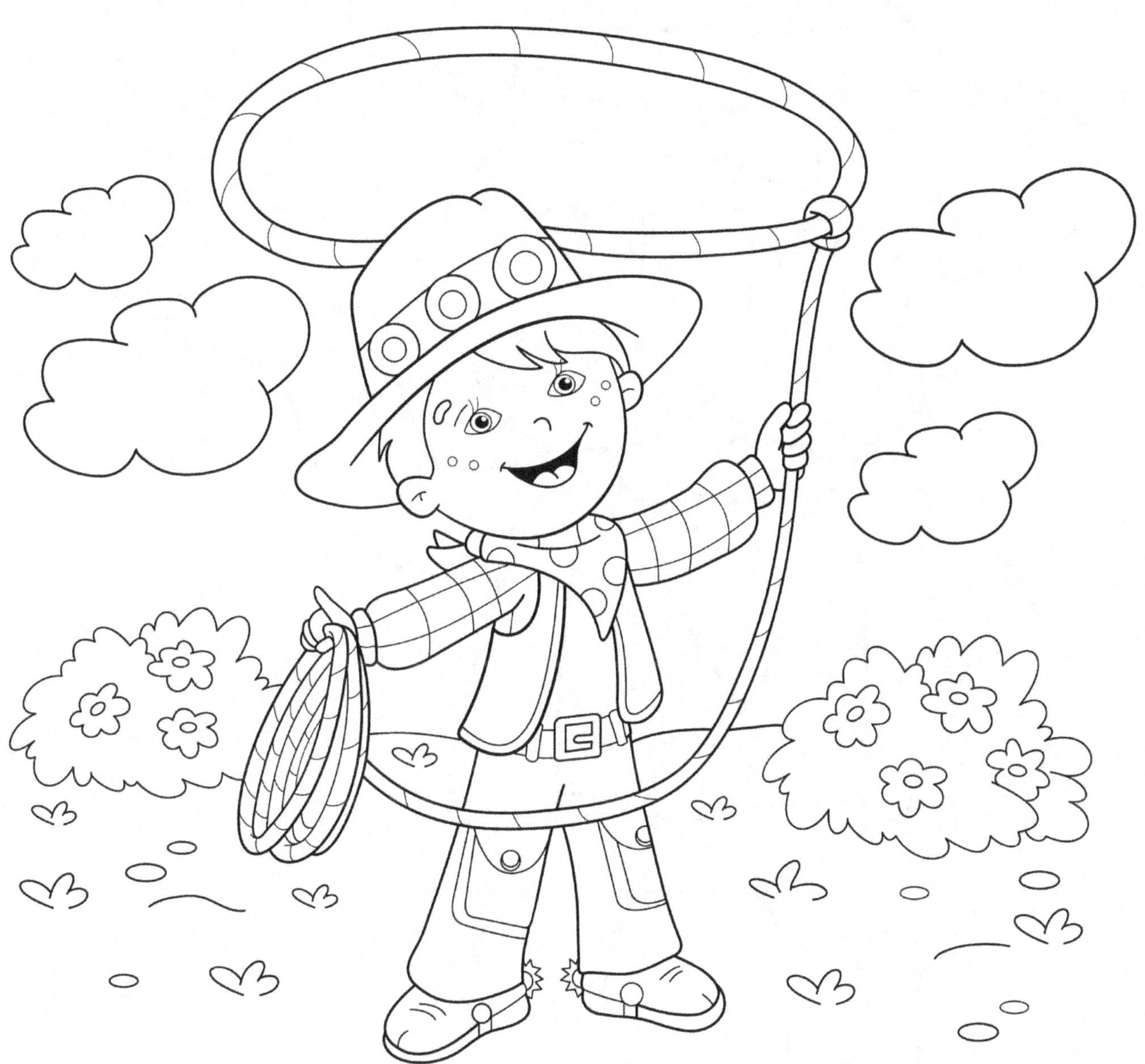

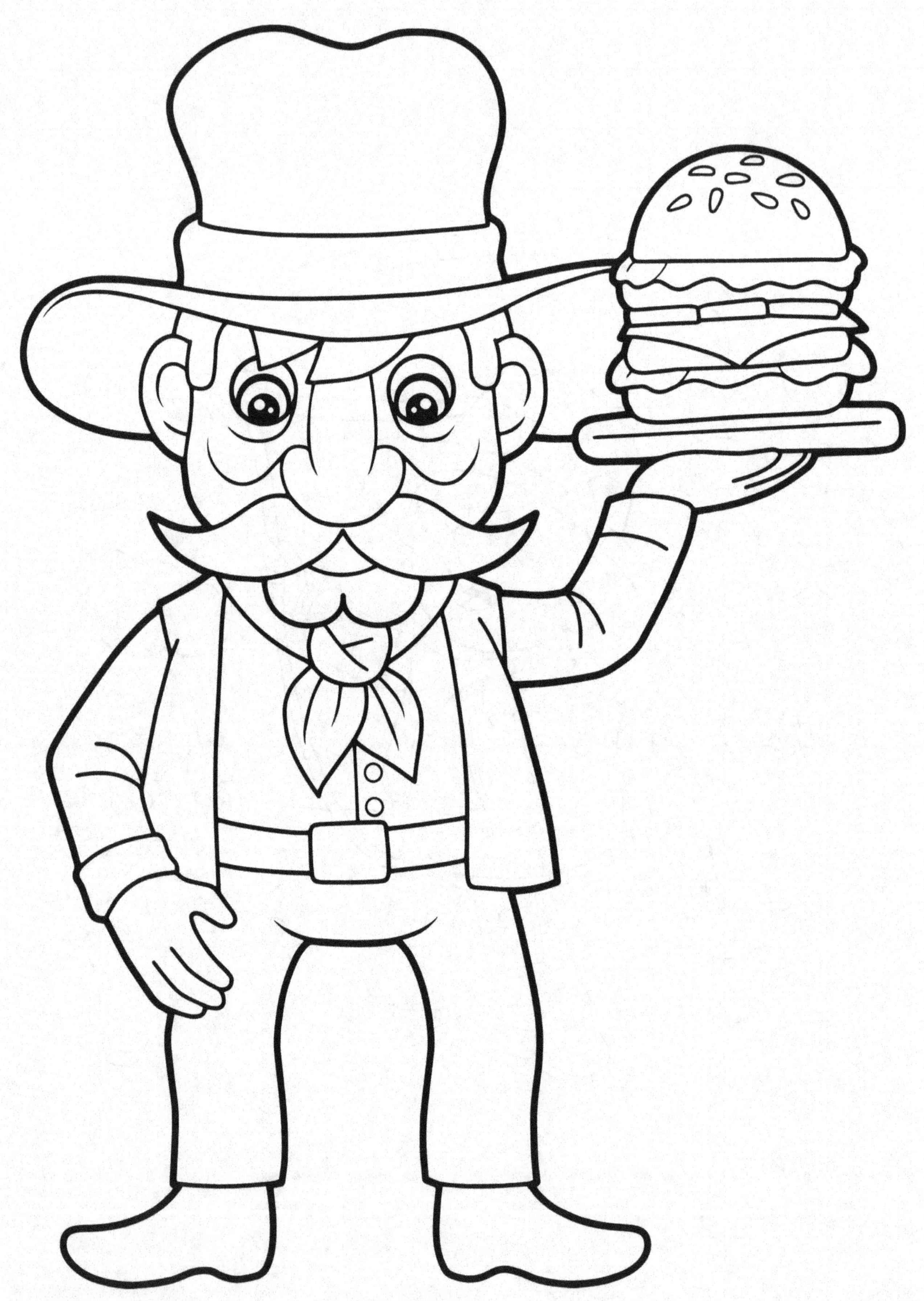

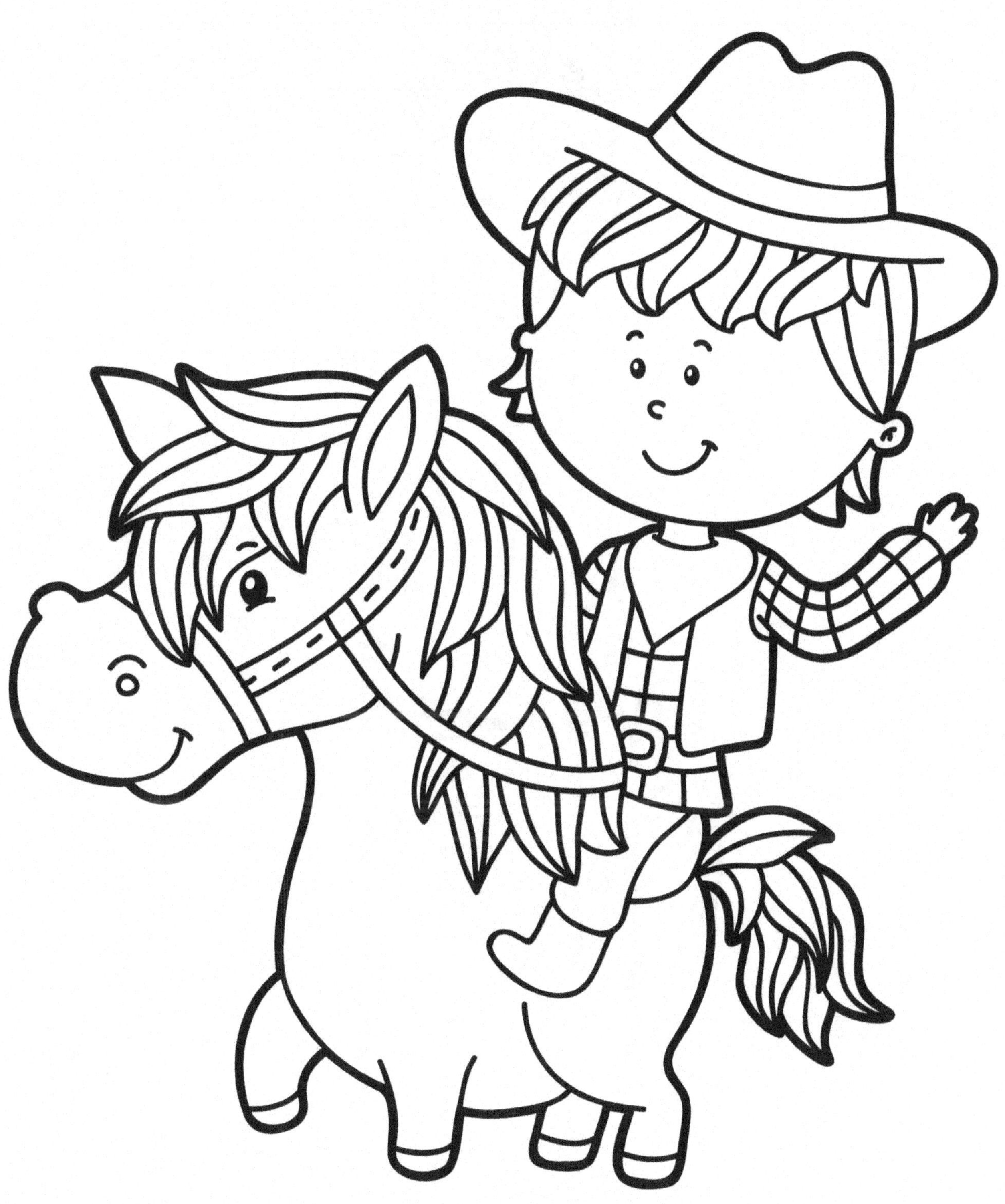

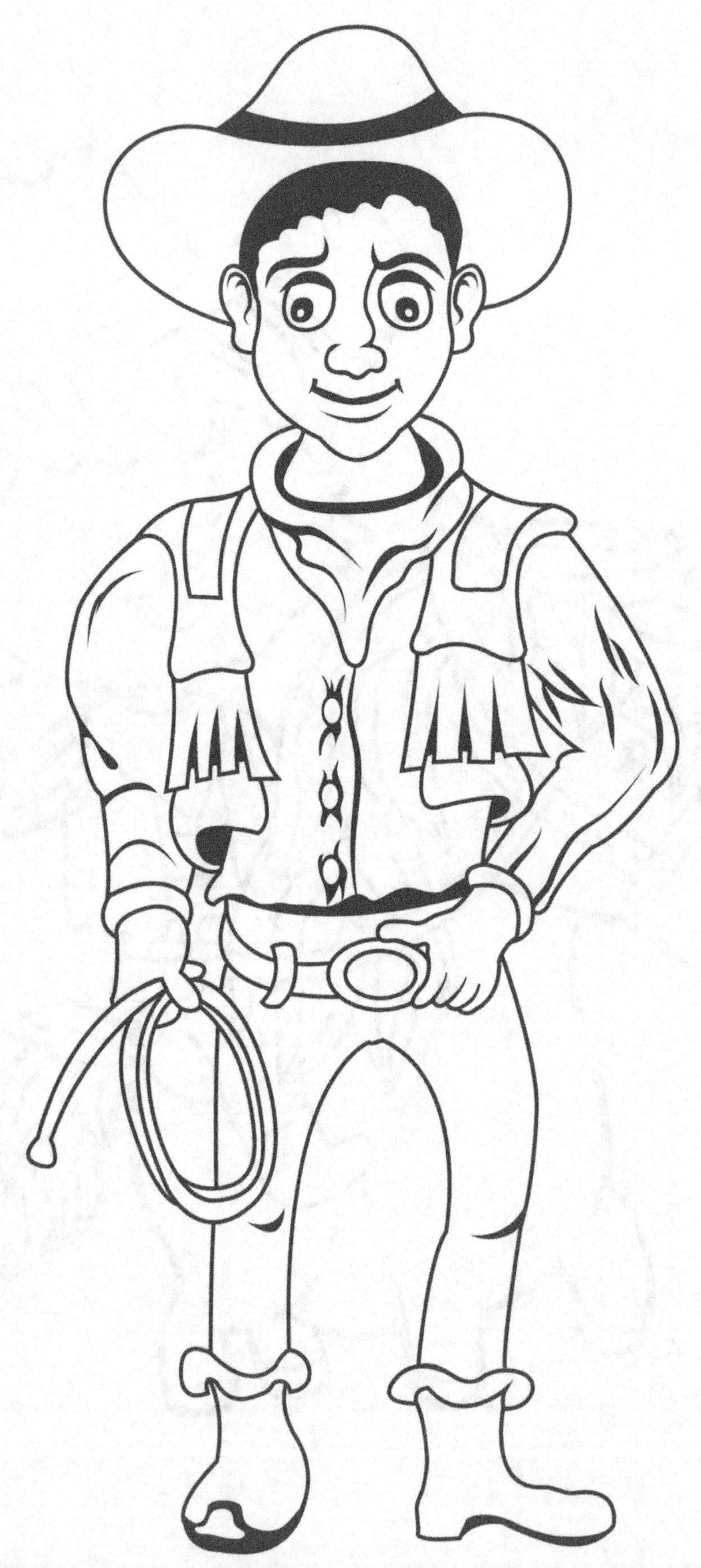

www.ingramcontent.com/pod-product-compliance
Lightning Source LLC
Chambersburg PA
CBHW082244060726
47598CB00016B/2769